玉臺書史

（清）厲鶚 編

教育科学出版社
·北 京·

目録

目錄

錢塘厲　鶚太鴻輯

宮闈

漢

孝成許皇后　大司馬車騎將軍平恩侯嘉女也后聰慧善史書（漢書外戚傳）

章德竇皇后　扶風平陵人大司馬融之曾孫也年六歲能書親家皆奇之（後漢書皇后紀）

和帝陰皇后　光烈皇后兄執金吾識之曾孫也后

少聰慧善書藝（後漢書皇后紀）

和熹鄧皇后　后諱綏太傅禹之孫也父訓護羌校尉六歲能史書十二通詩論語家人號曰諸生是時方國貢獻競求珍麗之物自后卽位悉令禁絶歲時但供紙墨而已（後漢書皇后紀）

順烈梁皇后　諱妠大將軍商之女恭懷皇后弟之孫也少善女工好史書嘗以列女圖畫置於左右以自監戒（後漢書皇后紀）

馮嫽　楚主侍者馮嫽能史書習事嘗持漢節爲公

主使行賞賜於城郭諸國敬信之號曰馮夫人（漢書西域傳）

王美人　趙國人也祖父苞五官中郎將美人聰敏有才能書會計（後漢書皇后紀）

左姬　字小娥安帝生母也善史書喜詞賦和帝賜諸王宮人因入清河第（清河孝王傳）

魏

文昭甄皇后　中山無極人明帝母漢太保甄邯後也父逸上蔡令后年九歲喜書視字卽識數用諸

兄筆硯兄謂后言汝當習女工用書爲學當作女博士邪后言聞古賢女未有不覽前世成敗以爲已誡者不知書何由見之（魏志本傳）

吳

吳主趙夫人　丞相達之妹善書畫巧妙無雙能於指間以綵絲織雲霞龍蛇之錦大則盈尺小則方寸宮中謂之機絶孫權常歎魏蜀未夷軍旅之隙思得善畫者使圖山川地勢軍陣之像達乃進其妹權使寫九州江湖方岳之勢夫人曰丹青之色

甚易歇滅不可久寶妾能刺繡作列國方帛之上寫以五岳河海城邑行陣之形既成乃進於吳主時人謂之針絕雖棘刺木猴雲梯飛鳶無過此麗也拾遺記

晉

武元楊皇后　諱豔字瓊芝宏農華陰人也少聰慧善書晉書本傳

安僖王皇后　諱神愛琅邪臨沂人也父獻之尚新安愍公主無子唯一女後立爲安僖皇后后亦善

書張懷瓘書斷

齊

韓蘭英　韓蘭英吳郡人有文辭宋孝武時獻中興賦被賞入宮宋明帝時用以爲宮中職僚及武帝以爲博士教六宮書學以其年老多識呼爲韓公云南史齊武穆裴后傳

梁

武德郗皇后　諱徽高平金鄉人也后幼明慧善隸書讀史傳南史梁后妃傳

陳

武宣章皇后　諱要兒吳興烏程人本姓鈕父景明爲章氏所養因改姓焉后少聰慧美容儀善書計能誦詩及楚詞（南史陳后妃傳）

後主沈皇后　諱婺華吳興武康人也后性端靜聰明强記涉獵經史工書翰（南史陳后妃傳）

沈氏后德名標婺華允光親署獨美可嘉如晚晴陣雲傍日殘霞注云今見署啟一紙（竇泉述書賦）

後主皇后沈氏吳興人君理之女善書（書史會要）

北魏

文成文明皇后馮氏　長樂信都人也父朗秦雍二州刺史坐事誅后遂入宮高宗踐極立爲皇后后性聰達學書記作勸戒歌三百餘章又作皇誥十八章（魏書后妃傳）

宣武靈皇后胡氏　安定臨涇人司徒國珍女也后姑爲尼世宗初入講禁中諷左右稱后姿行世宗聞之召入掖廷爲承華進爲充華嬪肅宗踐祚尊爲皇太后臨朝聽政性聰悟多才藝畧得佛經大

義親覽萬幾手筆決斷魏書后妃傳

唐

太穆竇皇后　京兆始平人隋定州總管神武公毅之女也善書學類高祖之書人不能辨工篇章而好存規誡舊唐書本傳

則天皇后武氏　諱曌并州文水人也上元元年高宗號天皇皇后號天后天下謂之二聖宏道元年爲皇太后臨朝稱制天授元年后自稱皇帝改國號周長安五年上后號曰則天大聖皇帝唐書本紀

唐則天順聖皇后武氏凜凜英斷脫去鉛華脂韋氣味乘高宗溺愛而窺覦竊起遂能不出重闈深密之地駕馭英雄使人人各爲其用不旋踵嘿移唐室使之善自退託有周南卷耳之志則其用心豈減古賢后妃哉惜乎不知出此乃欲以牝鷄司晨宜乎不克令終而張柬之等起而正子明辟也新史貶而傳之舊史以爲窮妖白首良以爲訓攷其出新意持臆說增減前人筆畫自我作古爲十九字曰𠀑天埊地𡆠日囝月〇星𠺞君𠡦年𠙺正

𢘑臣曌照熏戴禹載圀國匜初鍪證盠授𤯔人𱍸

聖匡生當時臣下章奏與天下書契咸用其字然獨能行于一世而止唐之石刻載其字者知其在則天時也雖然亦本於喜作字初得晉王導十世孫方慶者家藏其祖父二十八人書迹摹搨把玩自此筆力益進其行書駸駸稍能有丈夫勝氣今

御府所藏行書一夜宴詩 宣和書譜

武后君臨藻翰時欽順天經而承保先業從人欲而不顧兼金注曰則天皇后沛國武氏士彠女臨

朝稱尊號曰大周金輪皇帝時鳳閣侍郎石泉王公方慶即晉朝丞相導十一世孫有累代祖父書迹保傳於家凡二十八人緝成一十一卷后墨制問方慶因而獻焉后不欲奪志遂盡模寫留內其本加寶飾錦繢歸還王氏人到於今稱之右史崔融撰王氏寶章集序具紀其事 竇臮述書賦

薦福寺天后飛白題額崇福寺武后題額 歷代名畫記

周昇仙太子碑聖厤二年武后撰并行書 金石錄

延載初周允元除鳳閣鸞臺平章事證聖元年卒

則天爲七言詩傷之又自繕寫時以爲榮（舊唐書周允元傳）

上官昭容　名婉兒西臺侍郎儀之孫天性韶警善文章自通天以來內掌詔命掞麗可觀帝卽位進拜昭容景雲中謚惠文（舊唐書本傳）

吕温上官昭容書樓歌序云貞元十四年友人崔仁亮于東都買得研神記一卷有昭容列名書縫處（吕衡州集）

千福寺額上官昭容書（歷代名畫記）

臨川公主（太宗女）韋貴妃所生下嫁周道務工籀隸能屬文高宗立上孝德頌帝下詔褒荅承徽初進長公主恩賞卓異（唐書本傳）

晉陽公主（太宗女）字明達幼字兒子文德皇后所生主臨帝飛白書下不能辨（唐書本傳）

貴妃楊氏　宋張端義云眞定大歷寺有藏殿其殿藏經皆唐宮人所書經尾題名皆極可觀有塗金匣藏心經一卷字體尤婉麗其後題云善女人楊氏爲大唐皇帝李三郎書（貴耳集）

後唐

魏國夫人陳氏　襄陽人也善書唐書沙陀傳

南唐

先主后种氏　江西良家女性警悟通書計馬令南唐書

後主昭惠后周氏　小字娥皇大司徒宗女通書史善音律尤工琵琶元宗賞其藝取所御琵琶時謂之燒槽者賜焉後病亟以元宗所賜琵琶及常臂玉環親遺後主又自爲書請薄葬馬令南唐書

保儀黄氏　江夏人後主選爲保儀書學技能多出于天性後主屬意會小周專房品秩不加第以掌墨寶而已初元宗後主皆妙於筆札博收古書有獻者厚賞之宫中圖籍萬卷尤多鍾王墨蹟皆繫保儀所掌馬令南唐書

耿先生　軍大校耿謙女好書善畫往往有佳句雅通黄白之術能拘制鬼魅奇瑰恍忽莫知其所由來爲女道士自稱天自在山人保大中因宋齊邱以入宫元宗處之别院號曰先生常被碧霞帔手如鳥爪題詩牆壁自稱比大先生鄭文寶耿先生傳

宮人喬氏　李後主手書金字心經一卷賜其宮人喬氏喬氏後入太宗禁中聞國主薨自內庭出其經捨在相國寺西塔院資薦且自書於後曰故李氏國主宮人喬氏伏遇國主百日謹捨昔時賜妾所書般若心經一卷在相國寺西塔院伏願彌勒尊前持一花而見佛云云其後江南僧持歸故國置之天禧寺塔相輪中寺後失火相輪自火中墮落而經不損爲金陵守王君玉所得君玉卒子孫不能保之以歸寧鳳子儀家喬氏所書在經後字極整潔而詞甚悽惋所記止此徐鍇集南唐制誥有宮人喬氏出家誥豈斯人也耶　王銍默記

宋

曹皇后　仁宗曹皇后眞定人樞密使惠武王彬之孫也性慈儉重稼穡常於禁苑種穀親蠶善飛帛書　宋史本傳

慈聖曹皇后工飛白蓋習觀昭陵落筆也先人舊藏一美字徑二尺許筆勢飛動用慈壽宮寶　老學庵筆記

向皇后　神宗向皇后河內人宰相敏中曾孫哲宗
立尊爲皇太后宋史本傳
向皇后工行草書史會要

安妃劉氏　安妃本酒保家女初事崇恩宮宮罷出
居宦者何訢家內侍楊戩譽其美復名入明達貴
妃以同姓養爲女遂有寵爲才人進淑妃政和四
年加貴妃朝夕侍上擅愛專席林靈素以技進目
爲九華安妃肖像於神霄帝君之左宣和三年薨
謚明節和文冊贈爲皇后宋史本傳

明節劉后一時遭遇寵傾六宮忽苦瘵疾臨終戒
左右云我有遺祝在領巾上俟我氣絶奏官家親
自來解語畢而終左右馳奏上至哀慟悲不自勝
領巾上蠅頭細字其辭云妾出身微賤而無寸長
一旦遭遇聖恩得與嬪御之列命分寒薄至此夭
折雖埋骨于九原魂魄不離左右切望陛下以宗
廟社稷之重天下生靈之衆大王帝姬之多不可
以賤妾一人過有思念深動聖懷況後宫千計勝
如妾者不少妾深欲忍死面與君父訣别謫限已

盡不得少留寃痛之情言不能盡自後左右每欲寬解必提領巾上愈傷感聞者謂李夫人不足道也林靈素謂后是九華安妃臨終聞本殿異香音樂次年有青城道士見后於巫山彷佛金釵鈿合云錢氏私誌

憲聖吳皇后 高宗憲聖慈烈吳皇后開封人父近以后貴進封吳王年十四高宗爲康王被選入宮王即位封和義郡夫人后博習書史又善翰墨由是寵遇日至尋進貴妃紹興十三年詔立爲皇后高宗內禪稱太上皇后名所御殿曰慈福宋史本傳

德壽慈福兩宮御書觀音經共八段初在碑石庫嘉定三年置架設於羣玉堂東偏中興館閣錄

羣玉堂法帖十卷第一卷有憲聖慈烈皇后御書千文歸田賦中興館閣錄

慈福皇太后喜親翰墨尤愛蘭亭嘗作小楷一本全是王體流傳內外故陛升之代劉珙造春帖子有云內仗朝初退朝曦滿翠屏硯池深不凍端爲寫蘭亭蘭亭博議

宮闈 二二

憲聖慈烈皇后吳氏開封人吳宣靖王近之女高宗后博習書史妙於翰墨帝嘗書六經賜國子監刊石稍倦即命后續書人莫能辨書史會要

宋憲聖皇后書養蠶圖自浴種至翦帛凡二十四事使閱者宛然置身田舍見婦子劼勵不遑之景也每段下題小字極其工緻至元中鄭足老題云爲顯仁皇后字后習高皇字高皇手書九經每倦則后書續之人未易辨金華宋景濂云圖出於潛令樓璹璹獲召見以圖上進上攜至宮憲聖慈烈

皇后逐段題之皇后姓吳配高宗其書絶相類謂非顯仁韋后書余攷之顯仁韋后乃高宗母也從徽宗北轅老年始歸憲聖慈烈吳后乃高宗繼后史稱其善翰墨則爲吳后書無疑金華之言爲確矣庚子銷夏記

劉貴妃 臨安人紹興十八年入宮專掌御前文字工書畫陳善杭州府志

劉夫人字希號夫人建炎間掌內翰文字及寫宸翰字高宗甚眷之亦善畫上用奉華堂印書史會要

三子慶於毘陵得李伯時畫草堂十志前有奉華大小印向會收入劉娘子位者後有閉關頌酒之裔一印此雖用劉伯倫事然于婦人恐不類耳

楊皇后　寧宗恭聖仁烈楊皇后少以姿容選入宮慶元三年四月進封婕好五年進婉儀六年進貴妃恭淑皇后崩中宮未有所屬貴妃與曹美人俱有寵韓侂胄見妃任權術而曹美人性柔順勸帝立曹而貴妃頗涉書史知古今性復機警帝竟立之皇子昀即位加尊號壽明仁福慈睿皇太后 宋史

本傳

恭聖仁烈皇后楊氏寧宗后忘其里氏或云會稽人楊次山者亦會稽人后自謂其兄也少以姿容選入宮頗涉書史知古今書法類寧宗 書史會要

太清宮寧宗時建楊皇后書道德經石幢 武林舊事

楊妹子　馬河中遠進御及賜貴戚畫寧宗每命楊妹子題署有楊娃印章楊娃者寧宗恭聖皇后妹也書法類寧宗以藝文供奉內庭其蹟惟遠畫見之 清賞錄

楊妹子乃宋寧宗恭聖皇后妹其書類寧宗凡御府馬遠畫多命題詠余曾見馬遠松院鳴琴小幅楊娃題其左方云閑中一弄七弦琴此曲少知音多因淡然無味不比鄭聲淫松院靜竹樓深夜沉沉清風拂軫明月當軒誰會幽心調寄訴衷情波撇秀穎妍媚之態映帶縹緗 韻石齋筆談

寧宗皇后妹時稱楊妹子書法類寧宗馬遠畫多其所題 書史會要

楊妹子題馬遠紅梅　遠在畫院中最知名余有

紅梅一枝菁豔如生楊妹子題詩于上字亦工按楊妹子者寧宗恭聖皇后之妹書法類寧宗凡御府馬遠畫多令之題此幀李梅公見而愛之攜去竟燬于火余又有女誡一卷爲馬麟畫相傳爲寧宗書實楊妹子書用御書之印耳此卷今在毅南士夫家 庚子銷夏記

六月二十四日赴鑑叔招出馬遠單條四幅俱楊妹子題其一　白玉蝶梅重重疊疊染緗黃此際春光已半芳開處不禁風日暖亂飄晴雪點衣裳再

題晴雪烘香四字其一著雪紅梅銖衣翠蓋映朱顏未委何年入帝闕默被畫工傳寫得至今猶似在衡山再題朱顏傅粉四字其一煙鎖紅梅天桃豔杏豈相同紅潤姿容冷淡中披拂輕煙何所似動人春色碧紗籠再題霞鋪煙表四字其一綠蕚玉蝶渾如冷蝶宿花房擁抱檀心憶舊香開到寒梢猶可愛此般必是漢宮妝再題層疊冰綃四字後各有楊娃之章一小方印與余家所藏妹子題馬遠楊葉竹枝二冊字畫差大然筆腕瘦嫩畧相似二冊楊葉題線撚依依綠金垂裊裊黃竹枝題雨洗娟娟淨風吹細細香項鼎鉉乎桓日記

嘗觀馬和之四小景有楊妹子各題一絶云人道中秋明月好欲邀同賞意如何華陽洞裏秋壇上今夜清光此處多石楠葉落小池清獨下平橋弄扇行倚日綠陰無覓處不如歸去兩三聲清獻先生無一錢故應琴鶴是家傳誰知默鼓無弦曲時向珠宮舞幻仙雨洗東坡月色清市人行盡野人行莫嫌犖确坡頭路自愛鏗然曳杖聲沈津吏隱錄

度宗昭儀王氏 會寧郡夫人昭儀王秋兒東宮直書閣能屬文鶴骨癯貌度皇卽位後萬幾之暇批荅書閣式克欽承皆出其手 隨隱漫錄

荊國大長公主 太宗女幼不好弄眞宗卽位封萬壽長公主下嫁駙馬都尉李遵勗主善筆札喜圖史能爲歌詩尤善女工之事 宋史本傳

魏國大長公主 英宗第二女神宗時封蜀國公主下嫁左衞將軍王詵好讀古文章善書札 宋史本傳

越國夫人王氏 端獻王頵之妻作篆隸有古法 書史

會要

華國夫人韋氏 魏惠獻王愷妻特封韓魏兩國夫人 魏王愷傳

謝翺翠鏁亭避雨詩云仰面無所覩梁間有題字問此何人書婉娩有弱氣云昔魏王妃學書似李衞乘雲到此山灑墨在空翠自注云亭有魏王妃所題字尚新王嘗以成德軍節度鎭明故妃至其處 晞髮集

金

元妃李氏　章宗元妃李氏師兒大定末以監戶女子入宮是時宮教張建教宮中師兒與諸宮女皆從之學章宗問建宮教中女子誰可教者建曰就中音聲清亮者最可教章宗以建言求得之章宗好文辭妃性慧黠能作字知文義遂大愛幸明昌四年封爲昭容明年進封元妃 金史本傳

明

慈聖李太后　神宗生母也東安人神宗在位上尊號慈聖宣文明肅皇太后嘗書謙謹持家四字以貽其父李公 名山藏坤則記

慈壽寺神宗爲慈聖皇太后建也寶藏閣係聖母御筆題 燕都遊覽志

文華殿後殿所懸扁凡十二字每行二字共分六行其文曰學二帝三王治天下大經大法乃慈聖御筆臣下但見龍翔鳳翥結搆波磔之妙以爲御書而實非也 萬曆野獲編

神宗貴妃鄭氏　大興人父憲成妃狡媚多智生皇三子封皇貴妃帝寵之顛房 崇禎三年七月薨

謚恭恪惠榮和靖皇貴妃葬銀泉山明史稾

鄭貴妃泥金書觀世音菩薩普門品經一卷在甆青紙上梵本刻絲錦裝卷首題云大明萬厤甲辰年十二月吉日皇貴妃鄭謹發誠心沐手親書金字觀世音菩薩普門品經一卷恭祝今上聖主祈願 萬壽洪福永亨康泰安裕吉祥楷法秀整前繪佛像甚精細今藏吾杭趙谷林齋中余題絕句四首云梵夾甆青出漢京翼坤鄭貴妃宮名題處最分明依稀買得硯神記紙上香多蠹不成巧笑由來雨露偏佛恩遺在聖人前開函稽首無他願一筆泥金壽一年柘館餘閒罷女紅祝釐不與衆嬪同也勝密誓含元殿小字親封玉合中城南詩老觀空久丁君敬身同賦特賦新詞纖夢華他日秋山黃葉下與君禮足九蓮花

武宗王妃 燕京人以才色得幸于武宗侍幸薊州温泉題詩自書刻石今石刻尚存列朝詩集

陳司綵 洪武二十年詔選民間淑女入宮分司六尙東二妹字瑞貞仲裕女也貌端莊與焉善六書

曉大義精女工嬪嫱皆師事之人稱爲女中君子二十四年命爲司綵賜歸省東林雜俎

婁妃　婁妃書倣詹孟舉楷書千文極佳江省永和門並龍興普賢寺額其筆也後人以其賢不忍更之書史會要

楊妃　楊妃書法趙文敏頗得筆意但偏鋒耳書史會要

安福郡主　寧靖王奠培之長女工草書能詩列朝詩集

女仙

晉

南嶽魏夫人　諱華存字賢安位紫虛元君領上眞司命眞靈位業圖

魏夫人左僕射舒之女太保公掾南陽劉幼彥之室光祿勳璞之母天才卓異少讀莊老及春秋二傳五經百子後修眞得道夫人善書書史會要

豫章女巫　豫章女巫太元中有神降之能空中與人言且善書書史會要

唐

吳彩鸞　女仙鸞自言西山吳眞君之女太和中進

士文蕭客寓鍾陵南方風俗中秋月夜婦人相持踏歌婆娑月影中最爲盛集蕭往觀焉而彩鸞在歌場中作調弄語以戲蕭蕭心悅之伺歌罷躡蹤其後至西山中忽有青衣燃松明以燭路者彩鸞見蕭遂偕往復歷山椒有宅在焉至其處坐席未煖而彩鸞據案如府司治事所問皆江湖溺死人數蕭他日詢之彩鸞初不荅問至再四乃語之我仙子也所領水府事言未既忽震雷迅發雲物晦冥彩鸞執手板伏地作聽罪狀如聞謫詞云以汝

泄機密事罰爲民妻一紀彩鸞泣謝諭蕭曰與汝自有冥契今當往人世矣蕭拙於爲生彩鸞爲以小楷書唐韻一部市五千錢爲餬口計然不出一日間能了十數萬字非人力可爲也錢囊羞澀復一日書之且所市不過前日之數由是彩鸞唐韻世多得之歷十年蕭與彩鸞遂各乘一虎仙去唐韻字畫雖小而寬綽有餘全不類世人筆當於仙品中别有一種風氣今御府所藏正書一十有三唐韻平聲上唐韻平聲下唐韻上聲唐韻去聲唐

韻入聲唐韻上下二唐韻六（宣和書譜）

鍾陵西山有游帷觀每至中秋車馬喧闐十里若闤闠豪傑多名姝善謳者夜與丈夫間立把臂連踏而唱惟對答敏捷者勝太和末有書生文蕭往觀覩一姝甚妙其詞曰若能相伴陟仙壇應得文蕭駕彩鸞自有繡襦并甲帳瓊臺不怕雪霜寒生意其神仙植足不去姝亦相盼歌罷獨秉燭穿大松徑將盡陟山扣石冒險而升生躡其蹤姝曰莫是文蕭耶相引至絕頂坦然之地後忽風雨裂

帷覆機俄有仙童持天判曰吳彩鸞以私欲洩天機謫爲民妻一紀姝乃與生下山歸鍾陵爲夫婦（誠齋雜記）

仙人吳彩鸞書孫愐唐韻凡三十七葉此唐人所謂葉子者也按彩鸞隱居在鍾陵西山下所書唐韻民間多有余所見共六本此一本二十九葉彩鸞書其八葉後人所補氣韻肥濁不相入也（黄山谷集）

裴鉶傳奇載成都古仙人吳彩鸞善書小字嘗書唐韻鬻之今蜀中導江迎祥院經藏中佛本行經

六十卷乃彩鸞所書亦異物也張邦基墨莊漫錄

洪龜父朋寫韻亭詩云紫極宮下春江橫紫極宮中百尺亭水入方洲界玉局雲映遠山羅翠屏小楷四聲餘翰墨主人一粒盡仙靈文蕭彩鸞不復返至今神界花冥冥呂本中紫薇詩話

樓鑰跋宇文廷臣所藏玉篇鈔云始予讀文蕭傳言吳彩鸞書唐韻字疑其不然後於汪季路尚書家見之雖不敢必其一日可辦然亦奇矣爲之賦詩且辨其爲陸法言切韻茲見樞密宇文公所藏

玉篇鈔則又過之是尤可寶也既謂之鈔竊以爲如北堂書鈔之類蓋節文耳以今玉篇驗之果然不知舊有此鈔而書之耶抑彩鸞以意去取之耶有可用之字畧之有非日用之字而反取之部居如今本皆以朱字別之而三字五字止以墨字書之次序皆不與今合不可致詰輒書前歲所與汪氏詩跋於左庶來者得以覽觀攻媿集

宇文廷臣文孫家有吳彩鸞玉篇韻今世所見者唐韻耳其書一先爲廿三先廿四仙不可曉又導

江迎祥寺有彩鸞書佛本行經六十卷或者以爲唐經生書硯北雜志

鮮于伯機有吳彩鸞書切韻一本其書一先爲二十三先二十四仙不可曉字畫尤古志雅雜鈔

龍興紫極宮寫韻軒世傳吳彩鸞寫韻于此軒以之得名予昔在圖書之府及好事之家有其所寫唐韻皆硬黄書之紙素芳潔界畫精整結字遒麗皆人間之奇玩也道園學古錄

虞集題吳彩鸞唐韻眞蹟後豫章城頭寫韻軒繡

簾窣地月娟娟尋常鶴唳霜如月書到人間第幾篇道園學古錄

元詹玉題寫韻軒調桂枝香紫薇花露瀟灑作涼雲點商勾羽字字飛仙下筆一簾風雨江亭月觀今如許歎飄零墨香千古夕陽芳草落花流水依然南浦甚兩兩凌風駕虎恁天孫標致月娥眉嫵一笑生春那學世間兒女筆牀硯滴曾窺處有西山青眼如故素箋寄與玉簫聲徹鳳鳴鸞舞鳳林書院

草堂詩餘

彩鸞與文蕭遇在文宗太和末而法苑珠林則寫于天寶年間豈神仙隱顯原非時代之可限歟 陳宏緒寒夜錄

吳彩鸞龍鱗楷韻後柳誠懸題云吳彩鸞世傳謫仙也一夕書唐韻一部卽鬻于市人不測其意稔聞此說罕見其書數載勤求方獲此本觀其神全氣古筆力遒勁出於自然非古今學人所及也時惟太和九年九月十五日題其制共五十四葉鱗次相接皆留紙縫天寶八年製 庚子銷夏記

項氏寶藏吳彩鸞正書唐韻全部原係鮮于伯機故物後爲陸太宰全卿所購名迹也雖字細僅若蠅頭而位置寬綽有餘全不類世人行筆當于仙品中求之乃得 清河書畫舫

謝自然 華陽女貞也幼而入道善筆札能屬文 續仙傳

盧眉娘 永貞元年南海貢奇女盧眉娘年十四幼而慧悟工巧無比能於一尺絹上繡法華經七卷字之大小不逾粟粒而點畫分明細於毛髮其品

題章句無有遺闕至元和中憲宗以金鳳環束其腕眉娘不願住禁中遂度以黄冠放歸南海賜號曰逍遥後神遷香氣滿室弟子將葬舉棺覺輕卽撤其蓋惟有藕履而已後人往往見乘紫雲遊於海上 杜陽雜編

嵩山女子 嵩山女子佚其名任生者隱居嵩山讀書常夜聞異香忽一女子開簾而入年可二十餘凝態豔質世莫之見有雙環青衣左右翼侍顧謂侍者曰郎君書籍中取一幅紙兼筆硯來乃作贈

詩一首筆札秀麗後三日來又贈二篇良久出門閃閃上空中去地百餘丈猶隱隱見於雲間生以三篇示於人皆知其神仙矣 神仙感遇傳

曹文姬 文姬本長安倡女也生四五歲好文字戲及笄姿豔絶倫尤工翰墨自牋素外至於羅綺窗戶可書之處必書之日數千字人號爲書仙筆力爲關中第一後歸任生三月晦日偕生乘雲仙去 劉斧青瑣高議

曹文姬本長安倡女姿豔絶倫尤工翰墨欲偶者請

先投詩岷山任生詩曰一點塵心謫九天玉皇殿上掌書仙莫怪濃香薰骨膩霞衣曾帶御爐煙女曰眞吾夫也不然何以知吾事耶遂事之五年忽對任曰吾本上天司書仙女以情愛謫人寰二紀將歸子可偕行騰雲而去後以所居爲書仙里書史會要

附 尼

元

妙湛 比邱尼妙湛管夫人爲寫長明庵圖妙湛小

行書題其上珊瑚網

名媛

周

曾秋胡妻 雕蟲篆曾秋胡妻所作秋胡隨牒遠仕荏苒三年桑時閒玩集爲此書亦云戰筆書其體遒律垂畫纖長旋繞屈曲有若蟲形僧夢英十八體書二十二蟲書曾秋胡婦浣蠶所作亦曰雕蟲篆韋續纂五十六種書

漢

扶風馬夫人　安定皇甫規妻不知何氏女也規初喪室家後更娶之妻善屬文能草書時爲規荅書記衆人怪其工 後漢書列女傳

扶風馬夫人大司農皇甫規之妻也有才學工隸書夫人寡董卓聘之夫人不屈卓殺之 書斷

後漢皇甫規妻馬夫人行隸中中品 韋續九品書人論

蔡文姬　蔡邕女也博學有才辨又妙于音律興平中亂沒於南匈奴曹操贖之操問曰聞夫人家多墳籍猶能憶識之否文姬曰昔亡父賜書四千許卷今所誦憶裁四百餘篇耳操曰今當使十吏就夫人寫之文姬曰男女之別禮不親授乞給紙筆眞草惟命於是繕書送之文無遺誤 後漢書列女傳

蔡邕得筆法於神人傳女文姬文姬傳之鍾繇 古今傳授筆法人名

我生之初尚無爲我生之後漢祚衰蔡炎書 淳化閣帖

蔡炎胡笳引自書十八章極可觀不謂流傳僅餘兩句亦似斯人身世耶 山谷題跋

晉

衛夫人　晉中書院李充母衛夫人善鍾法王逸少之師 羊欣撰錄

衛夫人名鑠字茂漪廷尉展之女弟恒之從女汝陰太守李矩之妻也隸書尤善規矩鍾公云碎玉壺之冰爛瑤臺之月婉然芳樹穆若清風右軍少常師之永和五年卒年七十八子充爲中書郎亦工書 書斷

鍾繇傳之衛夫人衛夫人傳之王羲之 傳授筆法人名

庾肩吾書品列中之上

李嗣眞書列上下品云衛夫人正體尤絕

韋續九品書人論上中品有李矩妻衛夫人正行

唐人書評衛夫人書如插花舞女低昂美容又如美女登臺仙娥弄影紅蓮映水碧沼浮霞 書苑菁華

晉衛夫人筆陣圖

夫三端之妙莫先乎用筆六藝之奧莫重乎銀鈎昔秦丞相李斯見周穆王書七日興歎患其無骨蔡尚書入鴻都觀碣十旬不返嗟其出群故知達于其源者少闇于其理者多近代以來殊不師古

而緣情棄道纔記姓名或學不該贍聞見又寡致使成功不就虛費精神自非通靈感物不可與談斯道也今删李斯筆妙更加潤色總七條并作其形容列事如左貽諸子孫永爲模範庶將來之君子時復覽焉筆要取崇山絶仞中兔毛八九月收之其筆頭長一寸管長五寸鋒齊腰强者其硯取前涸新石潤澀相兼浮津耀墨者其墨取廬山之松煙代郡之鹿膠十年已上强如石者爲之紙取東陽魚卵虛柔滑淨者凡學書字先學執筆若真

書去筆頭二寸一分若行草書去筆頭三寸一分執之下筆點畫波撇屈曲皆須盡一身之力而送之若初學者先大書不得先從小善鑒者不寫善寫者不鑒善筆力者多骨不善筆力者多肉多骨微肉者謂之筋書多肉微骨者謂之墨豬多力豐筋者聖無力無筋者病一一從其消息而用之

一　如千里陣雲隱隱然其實有形

丶　如高峯墜石磕磕然實如崩也

ノ　陸斷犀象

乚　百鈞弩發

一　萬歲枯藤　　乀　崩浪雷奔

丁　勁弩筋節

右七條筆陣出入斬斫圖執筆有七種有心急而執筆緩者有心緩而執筆急者若執筆近而不能緊者心手不齊意後筆前者敗若執筆遠而急意前筆後者勝又有六種用筆結構圓備如篆法飄颺灑落如章草凶險可畏如八分窈窕出入如飛白耿介特立如鶴頭鬱拔縱橫如古隸然心存委曲每爲一字各象其形斯造妙矣書道畢矣永和

四年上虞製記

晉衛夫人與師帖

衛稽首和南近奉勑寫急就章遂不得與師書耳但衛隨世所學規摹鍾繇遂歷多載年廿著詩論草隸通解不敢上呈衛有一弟子王逸少甚能學衛眞書咄咄逼人筆勢洞精字體遒媚可詣晉尚書館書耳仰求至鑒大不可言弟子李氏衛和南

淳化閣帖

黃長睿云衛夫人帖蓋唐初李懷琳作事見寶

臮述書賦 東觀餘論

黄山谷題絳本法帖云王會稽初學書於衛夫人中年遂妙絶古今今人見衛夫人遺墨疑右軍不當北面蓋不知九萬里則風斯在下耳 黄山谷集

郗夫人 王羲之之妻也甚工書 孔元舒在窮記

謝夫人 字道韞王凝之之妻安西將軍奕之女也 晉書列女傳

道韞有才華亦善書爲舅氏所重 王羲之外傳

李嗣眞書後品云謝道韞是王凝之之妻雍容和雅芬馥可翫列中下品

韋續九品書人論下上品有王凝之妻謝道韞行草

傅夫人 郗愔之妻也善書 書斷

韋續九品書人論下上品有傅夫人正隸

荀夫人 王洽之妻也亦善書 書斷

汪夫人 宣和書譜作江 王珉之妻也善書 同上

荀夫人 庾亮之妻也韋續九品書人論上下品有庾亮荀夫人正行隸篆

蔡夫人　羊衡母韋續九品書人論上中品

桓夫人　唐人書評云桓夫人書如快馬入陣屈伸

隨人　書苑菁華

李意如　琅邪王獻之保母也姓李名意如廣漢人也在母家有志行歸王氏柔愼勤恭善屬文能草書解釋老旨趣　雲麓漫鈔

宋

謝夫人　孔琳之妻謝氏亦善書　書斷

北魏

李夫人　高愼妻李氏趙郡李徽伯女豔且慧兼善書記工騎乘　北史高乾傳

李彪女　幼而聰令彪教之書學讀誦經傳後宣武聞其名召爲婕妤在宮常教帝妹書誦授經史後宮咸師宗之　北史李彪傳

北齊

魏夫人　韋續九品書人論下下品有北齊魏夫人正行

唐

劉秦妹　馬家劉氏臨効逼斥安西蘭亭貌奪眞蹟如宓妃遺形於巧素再見如在之古昔注云翰林書人劉秦妹歸馬氏　竇臮述書賦

劉秦妹善臨蘭亭及西安帖奪眞亦唐翰林書人　法書苑

房璘妻高氏　太原府交城縣石壁寺鐵彌勒像頌安公美政碑俱參軍房璘妻高氏書石壁寺碑乃行書　學林新編

房璘妻高氏嘗書石刻字畫潔媚　墨池編　續書斷

太谷縣令安庭堅美政頌碑跋

開元二十九年安公美政頌房璘妻高氏書安公者名庭堅其事蹟非奇而文辭亦匪佳作惟其筆畫遒麗不類婦人所書余所集錄亦已博矣而婦人之筆著於金石者高氏一人而已然余嘗與蔡君謨論書以爲書之盛莫盛于唐書之廢莫甚于今余之所錄如于頔高駢下至陳遊瓌等書皆有益唐之武夫悍將暨楷書手輩字皆可愛今文儒之盛其書屈指可數者無三四人非皆不能蓋忽

不爲爾唐人書見於今而名不知於當時者如張師邸繆師愈之類蓋又不可勝數也非余錄之則將遂泯然於斯世矣余于集古不爲無益也夫集古錄

撰人姓名殘鈌房璘妻高氏書開元廿九年三月金石錄

太原府交城縣石壁寺鐵彌勒像頌碑跋

太原府交城縣石壁寺鐵彌勒像頌者林諤撰參軍房璘妻高氏書余所集錄古文自周秦而下訖于顯德凡爲千卷唐居其十七八其名臣顯達下至山林幽隱之士所書莫不皆有而婦人之書惟此高氏一人耳然其所書刻石存於今者惟此頌與安公美政頌耳二碑筆畫字體遠不相類殆非一人之書疑模刻不同亦不宜相遠如此又疑好事者寓名以爲奇也識者當爲辨之集古錄

林鶚撰房璘妻高氏行書開元二十九年六月金石錄

柳夫人　崔簡妻宗元伯姊善隸書爲雅琴以自娛柳河東集

崔瑗　永州刺史博陵崔簡女嫁爲朗州員外司戶

河東薛巽妻善筆札讀書通古今 柳河東集

楊夫人 柳柳州宗元室善翰墨 書史會要

金鑾 白氏金鑾居易女十歲忽書北山移文示家人居易以終南紫石刊之 書史會要

陳燕子丁 德宗時人 獨菴比邱道衍法華經跋云唐僧義道與女人陳燕子丁共以小楷細書是經爲薦亡母解脱清昇點畫波擊若出一手 金華府志

廉女貞 善隸書常爲內中學士 李遠集

鄧敞妻李氏 鄧敞封敖門生婚李氏其父嘗爲福建從事官至評事有女二人皆善書敞之所行卷多二人筆跡敞官至秘書少監 玉泉子

闞氏 南楚人圖之妹甚聰慧文學書札罔不動人圖常語同僚曰某家有一進士但不櫛耳後圖以妹妻常修闞氏與修讀書二十餘年才學優博越絕流輩咸通六年登科 南楚新聞

薛媛 薛媛濠梁人南楚材妻楚材旅遊陳潁受潁牧之眷無返舊意媛寫眞寄之曰欲下丹青筆先拈寶鏡端已驚顔索莫漸覺鬢凋殘淚眼描將易

愁腸寫出難恐君渾忘卻時時展畫圖看夫妻遂偕老焉時人嘲之曰當時婦棄夫今日夫棄婦若不逞丹青空房應獨守全唐詩話

媛善書畫妙屬文雲溪友議

封絢　殷保晦妻封敖孫也名絢字景文能文章草隸保晦歷校書郎黃巢入長安共匿蘭陵里賊悅封色欲取之封罵曰我公卿子守正而死猶生也終不辱逆賊手遂遇害唐書本傳

後唐

李夫人　西蜀名家後唐郭崇韜伐蜀得之夫人以崇韜武弁嘗抑鬱不樂善屬文尤工書畫書史會要

五代蜀

黃崇嘏　臨邛人周庠知邛州崇嘏上詩稱鄉貢進士年三十許祗對詳敏復獻長歌庠益奇之召與諸生姪同遊善琴奕妙書畫翼日薦攝府司戶參軍胥吏畏服案牘一清庠美其風采欲以女妻之崇嘏袖封狀謝仍貢詩曰幕府若容爲坦腹願天速變作男兒庠覽詩驚駭召見詰問故黃使君女

也乞罷歸臨邛不知所終玉溪編事

宋

朱嚴妻　王禹偁贈朱嚴詩云妻裝秋卷停燈坐自注云嚴妻能書小畜集

安國夫人崔氏韓琦妻　善書札體法甚老殊無婦人氣安陽集

楊夫人　夏竦妻楊氏工筆札宋史夏竦傳

權太君　天水郡太君權氏善草隸書誦數經能畧通其說臨川集

武昌縣君郭氏　郭氏曾祖恕祖遵式父昭晦聰明孝謹能讀書史善書畫遝歸於皇從孫右監門衛將軍世單封武昌縣君歐陽文忠公集

和國夫人　和國夫人王氏宗室趙仲覞室能詩章善字畫書史會要

章煎　章煎友直女工篆書傳其家學友直執筆自高壁直落至地如引繩而煎亦能如其父書史會要

唐氏　唐氏能書梅堯臣泗州觀唐氏書詩云唐氏能書十載閒誰教精絕到紅襄百金買盡蒲葵扇

不必更求王右軍宛陵集

史炎

史炎字炎玉州刺史張閎聘爲冢子祺之配祺亦有才倡和成集名曰和鳴作字用秃筆體法古勁黃山谷與祺父有內親而祺弟祉亦以進士爲青神尉山谷親來訪之炎玉致書嘗緘綠菜以贈山谷爲之贊曰蔡蒙之下彼江一曲有茹生之可以爲蔽蛙蠙之衣采采盈掬芼以辛鹽宜酒宜餗在吳則紫在蜀則綠頒我旨蓄史君炎玉曹學佺蜀中詩話

徐宏中跋山谷綠茹贊云按此贊末句言史君炎玉蓋指眉陽望族史氏女名炎字炎玉髫丱耆穎嗜學蘋蘩綫纊一不介意善屬文雅安張閎少卿出守眉陽聞其才賢納爲冢嗣子履之婦炎玉日游心於緗簡翰墨平生游覽之勝燕笑之適與子履詩酒酬唱格調閑雅久而盈篋手自敘次目曰和鳴集而少卿之室于山谷老人爲姑輩子履賓其親表也因寓書致綠菜爲信山谷珍其品以贊謝之褒其爲古女校書云紹興甲戌秋徐宏中跋

式古堂書畫彙考

慶國夫人邢氏　余與天台謝傑景英爲忘年交謝趙出也爲余言外氏丞相家法甚悉今見邢氏趙夫人手書戒婦子一紙往往與景英言合邢尚書趙丞相事具國史至其故家典型要自令人起敬

陳傳良止齋集

謝夫人　謝夫人譚文初妻潁川汝陰人居家雞晨以興家之事無不遍視舍此則讀書觀古人書畫二事皆精　鄭俠西塘集

李清照　李清照號易安居士禮部員外郎格非女知湖州趙明誠室

易安居士能書能畫而又能詞尤長于文藻迄今學士每讀金石錄序頓令心神開爽何物老嫗生此寧馨大奇　才婦錄

李易安一翦梅詞帖

紅藕香殘玉簟秋輕解羅裳獨上蘭舟雲中誰寄錦書來雁字回時月滿西樓花自飄零水自流一種相思兩處閒愁此情無處可消除纔下眉頭卻

上心頭　石調一翦梅

跋李易安書一翦梅詞云易安詞藁一紙乃淸閟閣故物也筆勢淸眞可愛此詞漱玉集中亦載所謂離別曲者耶卷後無題識僅有點定兩字耳書畫舫

秦國潘夫人　周必大題秦國潘夫人書云右靖國元年辛巳祖妣秦國潘夫人從祖父初任忻州司法時與鄭州叔祖母姚氏書夫人富文忠公彌孫其云奉文乃運使金紫及奉使太師小字後批三

管散一行金紫年十四代寫常記祖母張秦國道祖父之言舊小吏事上官極恭太守禮上法曹與他掾窘褒捧案此書亦云起五更每日兩衙極邊小壘事體尙爾況藩府乎今儀門外雖有州縣官於此下馬牌然皆肩輿直造客位初到畧展衙禮遠不過三日近則是日亟免併記此以示後人嘉泰三年十月旦立石　平園集

徐夫人　徐氏諱蘊行自號悟空道人臨川蔡教授詵之母學虞書得楷法　誠齋集

徐夫人名蘊行善讀書工歐虞筆法爲通判蔡蓮妻以賢婦稱暮年留心內典手寫華嚴諸部經號悟空道人撫州府志

蔡同年之母徐夫人手寫佛經九十五卷得唐人筆法字畫亦細楷止齋集

周必大跋徐夫人所書華嚴經梁武懺

鬱林蔡侯子羽故母徐氏三衢人宣和間刑部侍郎諱敷言之女潛心內典學虞世南書嘗手寫華嚴經梁武懺皆終部帙所謂女人身得度者其子

將藏是書于名山求予一言予謂夫人爲善如此郗氏之業在所不論二經果報寧復唐捐華嚴經云南方國有長者妻名曰善慧見佛神力心生覺悟法華經云比丘尼憍曇毗得佛授記後名光相如來予知夫人此念不斷盡未來世豈止資其冥福而已慶元丙辰六月丙寅平園集

韓玉父　秦人家于杭李易安嘗教以詩後父母以妻閩人林子建子建得官歸閩韓自錢塘往三山北至林已官盱江矣復同延平假道昭武宿漠口

鋪題詩于壁四朝詩集

張夫人　張氏蜀之故家漢御史綱之後通判朱若水之妻也性賢孝讀書史善筆札通古今識義理而不肯爲詞章其方直之操士大夫或有愧焉朱子文集

游夫人　建安郡夫人游氏贈光祿大夫黄崇妻而子則端明殿學士中也建安建陽人幼受班昭女訓通大義至乇組紉筆札之藝皆不待刻意而能輒過人朱子文集

張穠　張俊有愛妾乃錢塘妓張穠穠也頗涉詩書俊文字穠皆與之柘臯之役俊發書屬穠照管家事穠報俊引霍去病趙雲事以堅其心且言今日之事惟在宣撫不當以家爲念勉思報國俊以其書繳奏上大喜親書獎諭以賜穠仍加封雍國夫人郭翼履雪齋筆記

胡夫人　黄子由尚書夫人胡氏元功尚書之女也俊敏强記經史諸書畧能成誦善筆札時作詩文亦可觀於琴奕寫竹等藝尤精自號惠齋居士時

人比之李易安云（齊東野語）

黄尙書子由帥蜀中閤乃胡給事晉臣之女過雪堂行書赤壁賦于壁間劉改之從後題沁園春一闋其詞云按轡徐驅兒童聚觀神仙畫圖正芹塘雨過泥香路軟金蓮自拆小小籃輿傍柳題詩穿花覓句嗅蕋攀條得自如經行處有蒼松夾道不用傳呼清泉恠石盤紆信風景江淮各異殊想東坡賦就紗籠素壁西山句好簾捲晴珠白玉堂深黄金印大無此文君載後車揮毫處看淋漓雪壁

真草行書後黄知爲劉作厚有饋貺（張世南游宦紀聞）

陳述古女　陳述古諸女亦多有文有適李氏者從其夫仕晉寧軍判官部使者以小雁屏求詩李婦自作黄魯直小楷題其上紅蓼淡蘆攲曲水幾雙容與對西風扁舟阻向江鄉去郤喜相逢一枕中曲屏誰畫小瀟湘雁落秋風蓼半黄雲淡雨疎孤嶼遠泠泠清夢到高唐（耆舊續聞）

郤安人　安人郤氏道沖字用之武經郎林延齡之室家定海母朱氏方娠夢丹書金篆在霄漢間生

而敏慧未齔知書稍長觀漢書資治通鑑至成誦歸于林姑嫠居亡愛子斥奩具營喪葬無靳色姑疾經年醫禱備至人稱其孝延齡仕不進一閑十三年邵安之觴詠琴奕以相娛喜繙內典手書法華圓覺金剛等經 寶慶四明縣志

趙夫人 俞似官廣州鈐轄題英州金山寺壁云轉食膠膠擾擾間林泉高步未容攀興來尚有平生履管領東南到處山似妻趙夫人親書此詩于壁字畫徑四寸遒健類薛稷 容齋隨筆

方氏 桐廬人陳暉經畧子婦臨蘭亭并自作草書皆可觀 畫繼

李夫人 名至規號淡軒宋狀元黃朴之女長適尚書李珏子善撫琴畫蘭爲郎中孫榮甫作九畹圖自序其後曰予家雙井公以蘭比君子父東野翁甚愛之予亦愛之每女紅之暇嘗寫其眞聊以備閨房之玩初非以此求聞於人也 王惲秋澗集

丁夫人 洪慶善夫人賢而有文字畫勁麗 張綱華陽老人集

朱淑真　海寧人文公姪女也文章幽豔才色清麗實閨門之罕有因匹配非倫勿遂素志賦斷腸集十卷以自解 古今女史

辛亥冬于京師見宋朱女郎淑真手書璿璣圖一卷字法妍媚有記云若蘭名蕙姓蘇氏陳留令道質季女也年十六歸扶風竇滔滔字連波仕苻秦爲安南將軍以若蘭才色之美甚敬愛之滔有寵姬趙陽臺善歌舞若蘭苦加捶楚由是陽臺積恨讒毀交至滔大恚憤時詔滔留守襄陽若蘭不願

偕行竟挈陽臺之任若蘭悔恨自傷因織錦字回文五彩相宣瑩心駭目名曰璿璣圖亘古以來所未有也乃命使齎至襄陽滔感其妙絕遂送陽臺於關中具輿從迎若蘭於漢南恩好踰初其著文字五千餘首世久湮沒獨是圖猶存唐則天嘗序圖首今已魯魚莫辨矣初家君宦遊浙西好拾清玩凡可人意者雖重購不惜也一日家君宴郡倅衙偶於壁間見是圖償其值得歸遺予於是坐卧觀究因悟璿璣之理試以經緯求之文果流暢蓋

璿璣者天盤也經緯者星辰所行之道也中流一眼者天心也極星不動蓋運轉不離一度之中所謂居其所而斡旋之處中一方太微垣也乃疊字四言詩其二方紫微垣也乃四言回文二方之外四正乃五言回文四維乃四言回文三方之外四正乃交首四言詩其文則不回也四維乃三言回文三方之經以至外四經皆七言回文詩可周流而讀者紹定三年春二月望後三日錢塘幽棲居士朱氏淑眞書首有璿璣變幻四小篆後有小朱

印予向見斷腸集不載斯文（池北偶談）

朱億女　尚書朱億女郡人也淑行婉質工琴書至道初裴愈奉使兩浙聞其才藝奏之名至京師既入宮掖賜號白蓮花夫人後出俗刺血書蓮花經一部改賜慈濟廣慧大師（洪武蘇州府志）

吳氏三一娘　樓鑰云今玉編惟越本最善末題云會稽吳氏三一娘寫問之越人無能知者楷法最精（攻媿集）

王排岸女孫　廬陵王排岸之女孫眉目秀麗能琴

棻善翰墨失身富家常鬱鬱不樂慕名勝而終焉郡有朱淵未第其室寢廢家事不治經營一妾頗難其人鄰媼云排岸女孫歸久試與官人謀之朱笑曰恐無此理行成以八百劵爲質一至其家內外之事皆若素定（貴耳集）

元

管夫人（趙魏公室）

管夫人道昇字仲姬延祐四年封魏國夫人翰墨詞章不學而能心信佛法手書金剛經至數十卷以施名山名僧天子命夫人書千文

敕玉工磨玉軸送秘書監裝池收藏又命孟頫書六體爲六卷雍亦書一卷且曰令後世知我朝有善書婦人且一家皆能書亦奇事也（松雪齋集）

管夫人書牘行楷與鷗波公殆不可辨同異衛夫人後無儔（容臺集）

管夫人題漁父詞

遙想山堂數樹梅凌寒玉蕋發南枝山月照晚風吹只爲淸香苦欲歸　南望吳興路四千幾時閒去霅溪邊名與利付之天笑把漁竿上畫船　身

在燕山近帝居歸心日夜憶東吳斟美酒膾新魚除卻清閑總不如　人生貴極是王侯浮利浮名不自由爭得似一扁舟弄月吟風歸去休　右漁父詞　仲姬書

吳興郡夫人不學詩而能詩不學畫而能畫得于天者然也此漁父詞皆相勸以歸之意無貪榮苟進之心其與老妻強顏色雙鬢未全斑何苦行吟澤畔不近長安者異矣皇慶二年十二月十八日子昂書　清河書畫舫

管夫人手寫璇璣圖詩五色相間筆法工絶　居易錄

管仲姬與中峯帖

道昇和南拜覆本師中峯和尚大禪師法座前道昇拜別頂相動是數載瞻仰之心日積不忘年時得以中首座來都如見師父尊顏備審道體清安甚爲慰喜道昇手書般若經報薦先父母深恩及救薦亡兒女輪迴之苦極感謝我師大發慈悲點化亡者皆得離苦海我師但起一念何獨道昇公姑父母兒女得生淨土一切法界含靈皆成佛道

盡證菩提矣道昇粉骨碎身生生世世報荅我師大和尚慈悲深恩耶道昇屢蒙賜書知前年吾師所惠書及錄題經讚法語寄來至今並未曾收得不審當先何人送去聞知怏怏道昇一面作書於冢問問舍姪去也去歲以中送去般若經五卷又蒙本師慈悲展讀點化又各得題讚存沒重感我師道昇宿業本重每日人事擾擾不能安靜長想我師慈悲指教尋思話頭但提起終得受用道昇與良人誠心至願但得到家只就家庭修設拜懇

本師大和尚大發慈悲普度一切鬼神一切有主孤魂一切無主孤魂一切寃親良人與道昇祖上父母兒女外祖妣奴婢及一切法界含靈莫墮三塗惡苦願皆得早生佛界此乃良人與道昇心願已託以中兄先覆知師父大和尚今春僕回又拜吾師惠書及心疏道昇等拜覩如心如願良人見之生歡喜心尤增感佩我師如此大發慈悲度脫一切衆生是道昇等七世師父之恩何以報謝深恩今因的便特拜此書報安更乞善保愛不宜六

月初七日女弟子管氏道昇和南拜覆 式古堂書畫彙考

右趙承旨手牘十一紙魏國夫人一紙皆與天目幻住公者承旨所云悉爲夫人沒後與住商評欲修事薦嚴時承旨老矣音詞宛惻讀之可爲興感不知當時本老荅語何以寫其憂也夫人以書般若得公讚歎致謝云云皈依之誠尤爲迫切本之徒寗通作一卷令歸黃令公淮東書院藏之間出以相示余謂三士皆從菩薩地來所謂應以比邱宰官信女身而得度者因緣聚會乃如此今皆還淨土矣學士大夫不能釋然于現在之時而余爲勘破於過去之日相對一笑摩挲移日不獨以其翰墨之妙而已也吳門祝允明跋 同上

趙魏公書散滿天下亦時時獲觀惟夫人眞蹟爲世罕有此卷之可貴者正在是耳或謂松雪嗜好佛法太過者彼其時宗社墟矣黍離之懷不於空觀而焉寄此則在所當慨而不當認夢爲實也宏治癸亥十月在錦衣君清淮堂書前

進士吳郡楊循吉 同上

子昂書中龍象當時與之同世者皆沾餘瀝遂成名家況畫眉閣彦寧不傳受筆訣與之俱化耶觀魏國夫人尺一題董其昌 同上

管夫人家書

余見管仲姬字一卷平安家書付三哥長壽收拆娘押封娘書付三哥吾兒昨日福山寺僧來得五哥六月內書知汝安好家中及道院內平善方得放心可收香盟寺呈子至先還借錢一百定如得

入手可與四五哥大一哥商量交孫行可買東橫錢百戶屋地并西邊蘿蔔地及德清園前地我已分付五哥了此地若別對付錢買了卻將此錢好生實封了付的便寄來九月間沈山主周年切須與三定錢油三斤米五斗請十僧燈斛做汝父母名字追薦沈山主則箇可憐此人多與我家出氣力切須報答他書到便與哥哥每說知分付福和萬六道徐慶一等好生與我安排供養為好蘇灣田塍交徐壽二好生修理休誤桑樹好生照管澆

灌山上亦宜貽管交梓沛兒令人多接栗樹多種椒樹只此不一七月廿六日娘付三哥收此池灣沈氏所藏子趙奕有跋太平清話

夫人能畫與詩嘗入覲中宮命寫梅稱旨且命題之詩云雪後瓊枝嫩霜中玉蕊寒前村留不得移入月中看霏雪錄

管仲姬竹卷後跋云操弄筆墨故非女工然而天性好之自不能已竊見吾松雪精此墨竹爲日已久亦頗會意因大丞相不忽夫人之命敬寫一卷鄙拙可愧耳此卷藏豫章楊寨雲家因樹屋書影

李瓚貽管夫人畫竹卷長丈餘離披錯落姿態百出與怪石奔峭相間氣韻生動眞奇作也後自題二句云竹勢撇崩雲觸石應是瀟湘夜雨集皇慶三年秋日作道昇下有管氏道昇仲姬二印隨草續編

夫人畫竹風格勝子昂此幀凡三竿極其蒼秀自題一詩云春晴今日又逢晴閑與兒曹竹下行春意近來濃幾許森森稚子日邊生字法似子昂有友人見而愛之攜去庚子銷夏記

祁縣戴楓仲藏管夫人道昇小畫一幀有細書小字云山迴新綺閣竹掩舊朱門池北偶談

王夫人　夫人字圭卿號春温工書畫曹文貞公嘗題其書畫卷第所云漕府參軍時見益者不知指何人也霏雪錄

曹伯啟題王夫人書畫卷後云畫傳當代功尤妙字學前賢體更多渼泉漫藁

八達太夫人　忽都虎郡王太夫人也長淸縣靈巖山寺中碑至治元年八達氏有詩二句云巖前松檜時時綠殿上君王歲歲春大字刻之不類婦人筆金石文字志

趙夫人　夫人諱鸞字應善雍古部氏中書平章世延女中書參政許有壬室鄖惠慈靜能琴書善筆札書史會要

游夫人　雷機母延祐間贈建安郡君善書而有文潛溪集

危郡君　危氏諱德馨字蘭玉雷機室贈建安郡君通書記作字有楷法潛溪集

徐氏如珪　鄭天覺妻通論語孝經大義工書亦有法（貝瓊清江集）

劉氏　孟運判妻也性巧慧能臨古人字咄咄逼眞（書史會要）

柯氏　天台人九思之女通經史善筆札（書史會要）

段氏　天佑之女能詩章善筆札（書史會要）

士女曹妙清　自號雪齋錢塘人善鼓琴工書行書點墨皆有法度三十不嫁風操可尚嘗[illegible]詩寄鐵崖鐵崖荅之云紅牙管帶紫狸毫雪水初融玉帶袍寫得薛濤萱草帖西湖紙價可能高玉帶袍其硯名（列朝詩集）

陳自幼　能書適南潯姚氏一意奉佛有手書觀世音普門品趙榮祿題其後（六研齋筆記）

明

高妙瑩　字叔琬解縉母也通經史傳記善小楷曉音律算數女工極其敏妙（名山藏）

蔡氏　隱士韓奕妻也讀書通大義善筆札嘗書經刻以行世（張昶吳中人物志）

徐氏　裔出吳之天平山歸水東陸輿讀書通大義知楷法子霽入翰林封孺人震澤集

楊夫人　邢子厚妻盧德水云子厚九嫂乃楊磐石女弟書法自成一家博學能文過於慈靜列朝詩集

馬氏　名間卿字芷居金陵人陳翰林魯南之繼室也書法蘇長公得其筆意頗與魯南相類列朝詩集

黃氏　遂寧黃簡肅公珂之女新都楊用修之繼室也博通經史工筆札閨門肅穆用修亦嚴憚之寄用修長句爲藝林傳誦而用修亦云易求海上瓊

枝樹難得閨中錦字書讀者傷之列朝詩集

金元賓妻　萬歷時人元賓爲履吉上足故書法亦因之綿麗多態而閨閫之氣未除王世貞三吳楷法跋

邢慈靜　貴州左布政馬拯妻少卿邢侗妹也書宗李衛武定州志

慈靜善仿兄書列朝詩集

邢夫人慈靜自述詩帖　行書烏絲闌紙本

儂自閨房處女子鬬君博覽通古史歸君薄海宦遊多光陰迅度如彈指萬里黔方道路長松栢森

森雲杳茫遼陽刀劍如林密征馬南催鬢似霜何以君病抱沈痾與君報國酬英主日爲三苗亂我黎君家嘔血歸幽旅不見夫君舊日容惟思攜手君所[redacted]君家何處侶煙霞白雲來處空舒卷獨伴遺兒歸故鄉修途萬里多炎涼昔去雲擁駟馬車今日孤舟住夕陽子母寥寥淚暗流幾番欲葬江魚腹憶昔白頭人去時依稀點首將予囑教子朝夕名未成春光不駐東流急小庵日日拜空王思君不見空斷腸百鳥啼聲驚夢裏覺來猶是淚千

行君家功若小邱山誰與夫君奏廟廊平生功績皆湮沒儂身何自見君王恨殺烏紗能誤人始知名利如羅網春去秋來愁又結坐看衰草心焦熱杜宇啼我心中悲我啼杜宇枝頭血慈靜自述式古堂書畫彙考

黃氏 編修趙景妻也少工楷法讀書通曉大義初學記

姚氏 號青峨居士秀州人姚元瑞女歸范君和日讀漢魏以來諸集摹晉諸家書法吟詠多散佚不

畫傳玉鴛閣遺稿小傳

徐夫人　徐媛字小淑副使范允臨之室也多讀書好吟詠與寒山陸卿子唱和稱吳門二大家列朝詩集

近代名閨以書表著者吳中爲范夫人徐小淑趙大家陸卿子淸漳爲柯孝廉配張㣲卿㑹寓白下有女弟子雲濤月波與余淸瑶君投分所遺詩札翔鸞舞鳳豈僅鸜哥嬌也珊瑚網

徐小淑天上謠墨蹟

洞天去人九萬里涼風吹雲天似水珠扉高啟赤霓翔冰簾漾中素練擧碧花瑶草簇闌干張君危坐聽啼鸞翠屋吹涎作樓閣青田小龍耕曉烟璇宮桂花秋露滑吳剛玉斧香凝屑絳節高飄阿母來藕黃衫子翠羅鞋晏香鳴箏婉華舞笙歌沸空擁吹臺自向東王一卮壽啾啾白麟天半走貝闕人歸龍夜吼

右天上謠東海徐媛小淑氏

陸大家　陸氏名卿子姑蘇尚寶卿師道之女太倉趙宧光凡夫之妻也凡夫葉家廬墓與卿子偕隱寒山手闢荒穢疏泉架壑善自標置引合勝流而

卿子又工于詞章翰墨流布一時名聲藉甚以爲高人逸妻靈眞伴侶不可梯接也（列朝詩集）

陸卿子詩墨蹟

鳴蟬寂無聲閒夜凉飈發薜荔覆檐楹葉際見孤月流光入房櫳徘徊照華髮撫景一長嗟終古誰不沒棄世學神仙徒勞鍊金骨寒山趙氏陸（玉臺翰墨）

餘芳

張嶶卿　淸漳人柯孝廉配寓白下善書（珊瑚網）

張嶶卿詩札墨蹟

綺窗得聽梅花弄至今暗香猶襲人也　小朐妹告借秋鴻新譜特遣婢子叩領贈戴氏二姬一絕附正　雲鬟月面兩相宜濤作秋波液是脂我見猶憐而況若江妃漢女莫猜疑外曲中衛宛若楊三秀作容錄呈一品題之眉祉女弟張嶶卿

雲濤　玉液　嶶卿女弟子淸瑤君贈詩云妙撫樂縠衍波牋鐵畫銀鈎字樣圓姊正臨池洗端石妹先題葉弄輕煙（珊瑚網）

雲濤玉液詩札墨蹟

華袞輕於一字褒儂家姊妹出蓬蒿媿無芳躅追彤史浪得虛名動綵毫　廣陵雲濤煙鬟氏

花殘處處有儂名欲動春風欲囀鶯對月瞻雲吟秀句幽閨一倍使人清　適楚王液纖黛氏

葉小鸞　字瓊章一字瑤期水部葉仲韶季女四歲能誦楚詞工詩多佳句能模山水寫落花飛蝶皆有韻致日臨子敬洛神賦或藏眞帖一徧靜坐疎香閣薰爐茗椀與琴書爲伴而已年十七字崑山張氏未行而卒列朝詩集

袁氏　名九淑字君嫕通州人錢亘眉之妻四川左布政袁隨之女也少讀經史尤深內典詩文清麗書法遒媚歸王孫一年卒年纔十八有伽音集列朝詩集

沈伯姬　聘黃履素年十八早亡書法似歐率更眉公集

葉紈紈　字昭齊三歲能朗誦長恨歌十三能詩書法遒勁有晉風歸趙田袁氏列朝詩集

蔡夫人　李少司馬厚庵說黃石齋先生道周配蔡夫

人今年將九十尙無恙能詩書法學石齋造次不能辨尤精繪事嘗作瑤池圖遺其母太夫人居云居易錄

蔡夫人黃石齋之配也花卉一冊共十幅今藏友人趙谷林小山堂每幅俱有題句其山茶云蜚鳳鸞兩浥注鮮明千葉桃云不言成蹊匪繇色媚芍藥云折花贈行黯然消魂諸葛菜荷包牡丹云蜀相軍容小草見之罌粟云對此米囊可以療飢萱花翦春羅云睠焉北堂勿之洛陽鐵線蓮云小草

鐵骨亭亭自立金絲桃品字蘭云浙江武陵或滋他族秋海棠淡竹葉云君子于役閨中腸斷月季長春云兩族並芳四時皆春此幅上題云石道人命石潤蔡氏寫雜花十種時崇禎丙子小印二曰石潤玉卿

鄭珠江太守跋云石齋先生被難以前蔡夫人致書謂到此地位只有致命遂志一著更無轉念諄諄數百言同于王炎午之生祭閨閣中鐵漢也後撫孤立節死者復生生者不愧足當斯語矣寫生

得五代人遺法一花一葉俱帶生動所謂爲君援筆賦梅花不害廣平心似鐵者耶珠江鄭千仞

蔡夫人大節在珠江鄭太守跋語中今讀夫人自題句云不言自芳匪緑色媚以植品也對此米囊可以療飢以安貧也小草鐵骨亭亭自立以勵節也君子于役閨中腸斷以言情也晩爲北堂勿之洛陽以教孝也蜀相軍容小草見之以勸忠也言簡意長得古君子箴銘之體焉畫之生動鮮妍後賢惟惲正叔可以希風此又第二義云壬子夏月

沈德潛題于靈巖山居

沈紉蘭　字閒靜秀水司諫黄承昊妻也紉幼攻書史雅善臨池業以孝行聞著效顰集女史

馬孺人　翰林陳石亭繼室陳失配知馬賢而有文遂娶之年八十不廢吟詠書法得蘇長公筆意有芷居稿犁居稿

二方夫人　漢上蕭駕部大茹公夫人皖城張計部夫人皆姓方皆能圖寫諸佛像又好以泥金繕寫諸經佈施供奉胡之驥詩說紀事

徐範　吾禾有十三齡女童能摹諸家體貴字自活爲沈伯姬鳳華所書古詩十九首入石徐媛跋有云筆彩生芳墨香含素歐率更允拜下風衛夫人終當北面至自慊每草搨便作凍蠅其推重可知矣（珊瑚網）

徐範縮書聖教序無一筆不肖亦無一毫閨幃羞澀態（恬致堂集）

徐眞木白榆長于臨古頗得形肖其姊範行書甚有聖教序筆意名勝白榆吾禾射圃關西夫子廟碑記乃其筆也病癱瘓自署蹇媛云（東村隨筆）

徐範正書木蘭詩一紙行筆秀勁題云檇李女子徐範仿吳彩鸞書今在趙氏小山堂

梁小玉　武林人七歲依韻賦落花詩八歲摹大令帖長而游獵羣書作兩都賦半載而就著瑯嬛集三卷（列朝詩集）

國朝

黃媛介　字皆令嘉禾黃葵陽先生族女也髫齡即嫺翰墨好吟詠工書畫楷書仿黃庭經畫似吳仲

圭而簡遠過之其詩初從選體入後師杜少陵清灑高潔絕去閨閣畦徑適士人楊世功蕭然寒素皆令黽勉同心恬然自樂也乙酉鼎革家被蹂躪乃跋涉於吳越間困于檇李躓于雲間棲于寒山羇旅建康轉徙金沙留滯雲陽其所紀述多流離悲戚之辭而溫柔敦厚怨而不怒既足觀其性情且可以考事變此閨閣而有林下風者也（無聲詩史）

王阮亭云禾中女子黃媛介字皆令負詩名數十年近爲子畫一小幅自題云懶登高閣望青山愧

我年來學閉關淡墨遙傳縹緲意孤峯只在有無間（池北偶談）

黃媛介字皆令嘉興人楊世功之配善詩詞楷書摹黃庭經十三行畫山水小景有元人筆致長安閨秀多師事之（續圖繪寶鑑）

黃皆令女　黃皆令幼女不知名吉水遠山夫人朱中楣云猶記間坐湖樓皆令攜幼女過訪髮方覆額遂能以詠詩寫帖楚楚可人今依然夢想間并裁小詩贈之瑟瑟輕羅淡淡妝柳眉鶯語乍調簧

烏雲應拂春山小紅蕋初含夜雨香鴛水毓靈多鮑謝蠅頭妙楷逼鍾王夢囘猶記殷勤別幾欲箋詩燕子忙（隨草續編）

姜氏淑齋　膠州宋方伯子婦姜字淑齋號廣平內史善臨十七帖筆力矯健不類女子（池北偶談）

沈無非　嘉興人項鼎鉉之妻項鼎鉉云先室沈無非氏酷情筆硯朝夕讀書不倦尤喜臨池絕肖褚河南九成宮有手書所撰朝鮮許士女集小序一首先爲其兄沈景倩臨摹上木今記之以爲兒輩存手澤云是編爲箕國士女許景樊詩若文秀色逼人咄咄無脂粉氣昔稱絳仙可療飢女豈其儔伍耶閒剟竊古人如水屋珠屏一二語然肖景處故不害爲畫師後身世毋日龜茲王所謂驘也而易之無非氏題于密雲之深深齋（呼桓日記）

吳貞閨　字首良適曹村金氏書法遒勁尤精琴理妹靜閨字佩典適汝南周氏幼摹黃庭得其筆意（翠樓集）

郭⿰亻雩　字素汝長洲人適埭川顧氏畫學趙文淑花

烏推逸品書法大小俱有古致翠樓集

張在貞　字惠婉天如先生女也通經史工琴書與妹文琳倡和有月窗合草

姬侍

六朝

墨娥　姑臧太守張憲妓也嘗代憲書札荻樓雜抄

宋

王朝雲蘇東坡侍妾　朝雲始不識字晚忽學書粗有楷法從泗上比邱尼義沖學佛亦畧聞大義東坡集

朝雲字子霞錢塘人蘇子瞻宦錢塘納為常侍朝雲初不識字既事子瞻遂學書粗有楷法青泥蓮花記

翠翹　洪內翰侍人字畫婉媚書史會要

翠翹工畫墨竹每自題其後曰翠翹戲筆字畫婉媚墨氣清潤繪事備考

田田　錢錢　辛棄疾二妾也因其姓而名之皆善筆札常代棄疾荅尺牘書史會要

意真　劉光世侍兒嚴州烏石寺在高山之上有岳武穆飛張循王俊劉太尉光世題名劉不能書令

侍兒意眞代書姜堯章題詩云諸者凋零實可哀尙留名姓壓崔嵬劉郎可是疎文墨幾點胭脂涴綠苔 鶴林玉露

廚娘 京師中下之戶每育女則愛護之稍長則隨其姿質教以藝業用備士大夫採擇娛侍名目不一就中廚娘最爲下色然非極豪貴家不可用嘗聞時官中有癹人某者奮身寒素歷二倅一守然受用淡泊不改儒酸偶奉祠居里便嬖不足使令進饌且大粗率守念昔留某官處晚膳出都下廚娘烹調極可口適有便介如京謾作承受人書託以物色費不屑較未幾承受人復書曰得之矣其人年可二十餘有容藝曉書算旦夕遣以詣直旬餘果至初憩五里頭特遣腳夫先申狀來乃其親筆也字畫端楷歷敘慶幸即日伏事左右末乞以四輪接取庶成體面辭甚委曲殆非庸碌女子可及守一見爲之啟顏及入門容止循雅紅裳綠裳參視左右乃退守益喜過望 暘谷漫錄

明

何玉仙　號白雲道人史癡翁之妾能篆書列朝詩集

張家婢　張天駿家有厮養婢善書觀者嘖嘖稱賞紫桃軒又綴

柳如是　柳是字如是一字蘼蕪本吳江名妓徐佛弟子姓楊名愛柳其寓姓也丰姿逸麗翩若驚鴻性猥慧賦詩輒工尤長近體七言作書得虞褚法年二十餘歸虞山錢宗伯而河東君之名始著鈕琇觚賸

國朝

韓郎中姬　韓郎中聖秋姬人某氏好臨摹晉唐法帖獨廢鍾書韓詰所以對曰季漢正統關侯忠義而斥以賊帥狂悖極矣書雖工抑何足取韓有詩記其事云誰知太傅千年後敗闕端從戎路開居易錄

高密單氏妾　高密單氏某妾學右軍楷書似黃庭遺教二經池北偶談

名妓

唐

薛濤　字洪度西川樂妓工爲詩當時人多與酬贈武元衡奏爲校書郎（晁公武郡齋讀書志）

婦人薛濤成都倡婦也以詩名當時雖失身卑下而有林下風致故詞翰一出則人爭傳以爲玩作字無女子氣筆力俊激其行書妙處頗得王羲之法少加以學亦衛夫人之流也每喜寫己所作詩語亦工思致俊逸法書警句因而得名非若公孫大娘舞劍器黄四娘家花托於杜甫而後傳也今御府所藏行書萱草等書（宣和書譜）

元稹以監察使蜀知有薛濤難得見嚴司空潛知其意每遣薛往泊稹登翰林濤歸浣花造小幅松花牋百餘幅題詩獻稹稹寄舊詩與濤云長教碧玉藏深處總向紅箋寫自隨（牧豎閑談）

宋賈似道家有薛濤萱草詩（悅生堂古迹記）

宋

王英英　楚州官妓也學顔公書蔡襄教以筆法晚年作大字甚佳（書史會要）

梅堯臣贈詩曰山陽女子大字書不學常流事梳

洗覩傳筆法中郎孫妙畫蠶頭魯公體又觀王氏書詩云先觀雍姬舞六么妍葩發豔春風搖舞罷英英書大字玉指操管濃雲飄風馳雨驟起變怪文鎗畫飛明珠跳宛陵集

馬盼　徐州營妓也性慧麗蘇軾守徐日甚喜之能學軾書得其彷彿軾嘗書黃鶴樓賦未畢盼竊效書山川開合四字軾見之大笑畧為潤色不復易之今碑四字乃盼筆也書史會要

李琪　東坡先生在黃日每有燕集醉墨淋漓不惜

與人至于營妓供侍扇書帶畫亦時有之有李琪者小慧而頗能書札坡亦每顧之喜終未嘗獲公之賜至公移汝郡將祖行酒酣奉觴再拜取領巾乞書公顧視之久令琪磨硯墨濃取筆大書云東坡七歲黃州住何事無言及李琪即擲筆袖手與客笑談坐客相謂語似凡易又不終篇何也至將徹具琪復拜請坡大笑曰幾忘出場繼書云恰似西川杜工部海棠雖好不留詩一座擊節盡醉而散春渚紀聞

楚珍　不知姓本彭澤娼女草篆八分皆工董史云家藏長沙古帖標簽皆其題署宣和間有跋其後者曰楚珍蓋江南奇女子初雖豪放不羣終以節顯吾嘗見其過湖詩清勁簡遠有丈夫氣故知其人不凡 書史會要

謝天香　鉅野有穠芳亭邑人秋成報祭所也一日鄉耆謀立石其中延士人王維翰書之維翰未至有妓謝天香者問云祀事既畢何爲遲留不飲衆曰俟維翰書石耳謝遂以袖代筆書穠芳二字會

維翰至書亭字完之父老遂命刻之石王謝遂成夫婦後維翰登進士與天香偕老 青泥蓮花記

温琬　甘棠倡温琬字仲玉初姓郝氏本良家子六歲質明叡訓以詩書達旦不寐日誦千言能通其大義喜字學落筆無婦人體遒韻有格有得之者寶藏珍重之不啻金玉能染指書尤妙 宋清虛子甘棠遺事

陳相　衡陽妓也歌舞出其類學書作小楷 山谷集

嚴蕊　字幼芳天台營妓也善琴奕書畫 書史會要

天台營妓嚴蕊字幼芳善琴奕歌舞絲竹書畫色

藝冠一時閒作詩詞有新語 齊東野語

趙總憐 能著棊分茶寫字彈琴以扇頭乞詞於薌林向子諲戲贈浣溪紗云豔趙傾燕花裏仙烏絲欄寫永和年有時閒弄醒心弦茗碗分雲微醉後紋楸斜倚髻鬟偏風流模樣總堪憐 向子諲酒邊詞

蘇翠 蘇氏建寧人淳祐閒流落樂籍以蘇翠名能八分書 書史會要

蘇翠咸淳間供奉樂部善寫墨竹亦工梅蘭扶疎朗潤曲盡其致頗自矜貴每一圖成必以八分書

題之 繪事備考

延平樂妓 劉克莊後村詩話云延平樂籍中有能墨竹草聖者潘延堅爲賦念奴嬌美其書畫末云玉帶懸魚黃金鑄印侯封萬戶待從頭繳納君王覓取愛卿歸去 劉後村集

楊韻 湖妓楊韻手寫法華經每舉筆必先齋素盥沐更衣病死之夜其母夢韻來別云以經之力今卽往生烏程縣廳吏蔡家作女時蔡妻方娠是夜夢有肩輿及門者迎之則韻也云來寄宿寤而生

女其母他日來覘女爲之啞然一笑人咸異之（郭彖睽車志）

元

梁園秀　劉氏名梁園秀歌兒也才藝精妙喜文墨能作樂府時吟小詩亦佳字畫楷正（書史會要）

梁園秀姓劉氏行四歌舞談諧爲當代稱首喜親文墨作字楷媚間吟小詩亦佳所製樂府如小梁州青哥兒紅衫兒⿰土公塼兒賽兒令等世共唱之（夏伯和青樓集）

明

姜舜玉　號竹雪居士隆慶間舊院妓工詩兼楷書（列朝詩集）

林奴兒　號秋香成化間妓風流姿色冠於一時學畫于史廷直王元父二人筆最清潤落籍後有舊知欲求見因畫柳枝於扇詩以謝之曰昔日章臺舞細腰任君攀折嫩枝條從今寫入丹青裏不許東風再動搖（無聲詩史）

沈周題妓林奴兒畫調寄臨江仙云舞韻歌聲都

摺起丹青留簡芳名崔徽楊妹自前生筆愁煙樹杳屏恨遠山橫　描得出風流意思愛他紅粉兼青未曾相見儘關情只憂相見日花老怨鶯鶯石田詩集

馬湘蘭　馬姬名守眞小字元兒又號月嬌以善畫蘭故湘蘭之名獨著所居在秦淮勝處列朝詩集

馬湘蘭雙鉤墨蘭立軸傍作篠竹瘦石氣韻絕佳題云翠影拂湘江清芬瀉幽谷壬申清和月寫於秦淮水閣湘蘭子馬守眞又雙鉤墨蘭小軸題云

幽蘭生空谷無人自含芳欲寄同心去悠悠江路長丙申春日湘蘭守眞子二軸今藏余友廣陵馬半槎齋中

薛素素　姿度妍雅能書作黃庭小楷尤工蘭竹下筆迅掃各具意態又善馳馬挾彈能以兩彈丸先後發使後彈擊前彈碎于空中又置彈於地以左手持弓向地以右手從背上反引其身以擊地下之彈百不失一絕技翩翩亦青樓中少雙者甲乙剩言

范夫人徐小淑贈素素詩云連城聲價舊名姬着

紙芙蓉香粉奇彩筆揮雲誇濯錦誰言蜀女擅稱詩 幽蘭九畹墨花淋走馬章臺彈揲金卻買輕車駕油壁西陵松下結同心

馬如玉 桃葉妓善楷書詩奕奕有致國華王孫社中人也（姚旅露書）

馬如玉字楚璵本張姓家金陵南市樓徙居舊院熟精文選唐音善小楷及八分書（列朝詩集）

朱無瑕 朱馥名無瑕字泰玉桃葉妓工楷書畫蘭能詩（露書）

朱無瑕字泰玉桃葉渡邊女子幼學歌舞長而淹通文史工詩善書時人以方馬湘蘭云（列朝詩集）

顧文英 善書以碧絲作小行楷繡之盛鏡囊以寄所歡（俞琬綸集）

卞賽 秦淮妓後爲女道士自號玉京道人工小楷善畫蘭鼓琴亂後游吳梅村學士作聽女道士卞玉京彈琴歌贈之（板橋雜記）

卞賽字賽賽自號玉京道人莫詳所自出或曰秦淮人知書工小楷能畫蘭能琴僑虎邱之山塘所

居湘簾棐几嚴淨無纖塵雙眸泓然日與佳墨良紙相映徹晚依頁醫保御氏刺舌血爲書法華經既成自爲文序之梅村集

王少君 名曼容白皙而莊淸揚巧笑殊有閨閣風其居表以長楊人遂呼爲長楊君學字於周公瑕學詩於余宗漢學琴於許太初爭以文雅相尙潘之恒曲中志

郝文姝 字昭文金陵妓居珠市領其談吐慷慨風生下筆成琬炎幾令衛夫人收泣而以貌列中品

姝由由然不屑也寧遠李大將軍物色之載媵車中方督師遼東置諸掌記間稱內記室凡奏牘悉以屬潘之恒鸞嘯小品

郝文姝珠市妓爲人文弱淸致逼人余嘗在其齋頭見信筆作報札頃刻數百言字不減黃庭信佳秀也露書

郝賽 名婉然字蕋珠珠市妓麗容媚態楷書有昭文門風著調鷃集露書

郝藝娥名婉然工寫宣示帖珊瑚網

趙麗華　字如燕小字寶英南院妓自稱昭華殿中人如燕父銳以善歌樂府供奉康陵如燕年十五籍隸教坊能綴小詞被入弦索予嘗得其書畫扇楷法極佳後題云乙卯中秋同西池徵君質山學士集海濱天香書屋書此竟聞任兵憲在陸涇壩禦倭大捷奏凱同亦快事也沈嘉則爲作傳有云趙雖平康美人使具鬚眉當不在劇孟朱家下今卽其題扇數語豪宕可知靜志居詩話

李貞孋　字淡如桃葉妓工書畫著韻芳集露書

梁昭　吳姬梁昭字道昭故以善歌名爲人儀度潚雅綽約若仙習琴能棊作小楷有東方讚曹娥郡筆法識小錄

孫瑤華　瑤華字靈光金陵曲中妓歸新安汪景純讀書賦詩屏卻繁華汪仲嘉有代蘇姬寄怨所歡詩一時詞客屬和成帙吳兆熊尤岸然自負靈光詩一出皆閣筆斂袵景純子駿聲以手迹示余詩字皆清勁婉約眞閨房之秀也列朝詩集

楊宛　字宛叔金陵名妓也能詩有麗句善草書歸

苕上茅止生止生重其才以殊禮遇之 列朝詩集
茅止生云宛叔歸子年纔十六能讀書工小楷其于詩游戲涉獵若不經意鮮潤流利 鍾山獻序
董其昌云楊宛書非直媚秀取姿而迴腕出鋒絶無媚骨 書史會要
汪懋賢題楊宛叔蘭亭臨本詩云獨就規模出新意更留粉本與蘭亭雙鈎響搨誰能事直喚昭陵片笈醒 香祖筆記

楊蕙娘 名曉英秦淮女郎工黃庭小楷 珊瑚網

沙嫩 名宛在字未央桃葉妓善絃管著蜨香集 露書
沙宛在名彩姝擅臨蘭亭 珊瑚網

楊叔卿 喜學麻姑壇一染齊紈可易百錦大足掩映林下風 同上

靈異

宋

李媛 蓬兒子碩送客餘杭步伍亭就觀壁後得淡墨書字數行彷彿可辨筆迹遒媚如出女手云夜臺夜復夜東山東復東當時九龍月今日白楊風

後題云李媛書詳味詩句似非世人所作亭後荒閒有數十塚疑塚間鬼憑附而書春渚紀聞

紫姑　政和二年襄邑民因上元請紫姑神爲戲既書紙間其字徑丈或問之曰汝更能大書否耶即書曰請連黏襄表二百幅當爲作一福字或曰紙易耳安得許大筆也曰請大麻皮十斤縛作令徑二尺許墨漿以大器貯備濡染也諸好事因集紙筆就一富人麥場鋪展聚觀神至書云請一人繫筆於項其人不覺身之騰踔往來場間須臾字成

端麗如顏書復取小筆書于紙角云持往宣德門賣錢五百貫文既而縣以妖捕羣集之人大府聞取就鞫治訖無他狀即具奏知有旨令就後苑再書驗之上皇爲幸苑中臨視乃書一慶字與前書福字大小相稱字體亦同上皇大奇之因令於襄邑擇地建祠歲祀之春渚紀聞

雜錄

宋

南陽驛女子　靖康間京畿士人往往南竄鄧州南

陽縣驛有女子書字清婉留題於壁云流落南來自可嗟避人不敢御鉛華郤思當日鶯鶯事獨立東風霧鬢斜 馬純陶朱新錄

盱江驛舍婦人 劉仙倫云盱江驛舍中有婦人書一憶字筆勢頗姿媚游子明王相之皆題詩其後率予同賦 陽臺雨歇行雲杳天濶鴻稀春悄悄鸂鶒孤眠怨芳草夜夜相思何日了妾非無聲不敢啼妾非無淚不敢垂柔情欺損青黛眉春風著人瑣窗落緑窗書字寄心曲細看香翰婉且柔中

有閒愁三萬斛向隅棄筆惆悵時此情默默誰得知無緣相見空相憶不如當日休相識 松山集

明

曇陽子 曇陽子書陰符經跋云曇陽子手書陰符經貽學使徐公是經論者以百言演道百言演法百言演術徐公仕宦至中大夫歸不待年其於法於術用誠有所未竟而茲所可竟者神仙抱一之道耳然其大致則一矣道之眞以治身其緒餘以治國家其土苴以治天下有味乎先民之言或謂

是受之元女或謂軒轅氏與玉女論陰陽六甲退而自著其事曇陽子居嘗好書是經夫豈以二女自命耶余復覩所貽王廷尉元美心經鳥跡龍文若出造化其原反終始又必軌於正經余不敏無能知曇陽子故爲徐公跋而歸之宣城梅鼎祚

鹿裘石室集

玉臺書史跋

閨閣工書代不乏人立言家曾未聞有彙輯之者頗爲缺典今得樊榭先生是編雅人韻事足千秋矣是編蒐羅之備惟李心水女世說雅可伯仲彼名媛璣囊緣窗女史諸書弇鄙蕪淺恐未能望其項背也

丙午四月望日震澤楊復吉識

孫揆嘉肇初校字

出 版 人　所广一
责任编辑　李正堂
责任校对　贾静芳
责任印制　曲凤玲

图书在版编目（CIP）数据

玉台书史 / （清）厉鹗编. —北京：教育科学出版社，2013.12
（天禄琳琅艺术书房. 第3辑，书——翰墨春秋）
ISBN 978-7-5041-7608-0

Ⅰ. ①玉… Ⅱ. ①厉… Ⅲ. ①女性－书画家－列传－中国－古代 Ⅳ. ①K825.72

中国版本图书馆CIP数据核字(2013)第098090号

天禄琳琅艺术书房　第三辑　书——翰墨春秋
玉台书史
YUTAI SHUSHI

出版发行	教育科学出版社		
社　址	北京·朝阳区安慧北里安园甲9号	市场部电话	010-64989009
邮　编	100101	编辑部电话	010-64989445
传　真	010-64891796	网　址	http://www.esph.com.cn
经　销	各地新华书店		
制　作	日照太一文化传媒有限公司		
印　刷	日照教科印刷有限公司	版　次	2013年12月第1版
开　本	210毫米×320毫米　16开	印　次	2013年12月第1次印刷
印　张	11	定　价	255.00元

如有印装质量问题，请到所购图书销售部门联系调换。